DOCUMENTOS DA CNBB – 90

CONFERÊNCIA NACIONAL DOS BISPOS DO BRASIL

Legislação complementar ao Código de Direito Canônico para o Brasil sobre a absolvição geral

(aplicação do cân. 961)

Direção-geral: *Flávia Reginatto*
Editora responsável: *Vera Ivanise Bombonatto*

2ª edição – 2009

*Nenhuma parte desta obra poderá ser reproduzida ou transmitida
por qualquer forma e/ou quaisquer meios (eletrônico ou mecânico,
incluindo fotocópia e gravação) ou arquivada em qualquer sistema ou
banco de dados sem permissão escrita da Editora. Direitos reservados.*

Paulinas

Rua Dona Inácia Uchoa, 62
04110-020 – São Paulo – SP (Brasil)
Tel.: (11) 2125-3500
http://www.paulinas.org.br – editora@paulinas.com.br
Telemarketing e SAC: 0800-7010081

© Pia Sociedade Filhas de São Paulo – São Paulo, 2009

DECRETO DA CNBB N. 01/2009

Considerando o pedido da Carta Apostólica de João Paulo II, sob forma de *motu proprio*, *Misericordia Dei*, solicitando à Conferência Episcopal a atualização das normas previstas no cân. 961 do Código de Direito Canônico, relativas à absolvição coletiva, a 43ª Assembleia Geral dos Bispos do Brasil, realizada cm Itaici, Indaiatuba, São Paulo, de 9 a 17 de agosto de 2005, aprovou o texto da Legislação Complementar dos cânones 961, § 2, 964, §§ 1 e 2.

Considerando que o texto aprovado foi remetido à Santa Sé, e recebeu a *Recognitio* da Congregação para o Culto Divino e a Disciplina dos Sacramentos, no dia 25 de março de 2009, Prot. n. 1412/05/L.

Considerando que com este decreto fica revogada a norma anterior referente aos cânones supracitados

DECRETO

seja promulgada esta nova Legislação Complementar ao Código de Direito Canônico (aplicação do cân. 961), em conformidade com o texto anexo.

As referidas normas entram em vigor no dia 14 de setembro de 2009, Festa da Exaltação da Santa Cruz.

Brasília, 19 de junho de 2009
Solenidade do Sagrado Coração de Jesus

Dom Geraldo Lyrio Rocha
Arcebispo de Mariana
Presidente da Conferência Nacional
dos Bispos do Brasil

Dom Dimas Lara Barbosa
Bispo auxiliar do Rio de Janeiro
Secretário-Geral da Conferência Nacional
dos Bispos do Brasil

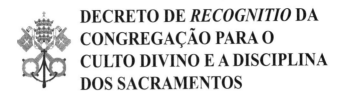

DECRETO DE *RECOGNITIO* DA CONGREGAÇÃO PARA O CULTO DIVINO E A DISCIPLINA DOS SACRAMENTOS

Prot. n. 1412/05/L

DIOCESIUM BRASILIAE

Instante Excellentissimo Domino Geraldo Lyrio Rocha, Episcopo Marianensi, Praesidente Conferentiae Episcoporum Brasiliae, litteris die 18 mensis augusti 2008 datis, vigore facultatum huic Congregationi a Summo Pontifice BENEDICTO XVI tributarum, textum normarum de disciplina Sacramenti Paenitentiae ad exsequendum Canonem 961, iuxta statuta Litterarum Apostolicarum Motu Proprio datarum "Misericordia Dei" (n. 6), pro territorio eiusdem Conferentiae exaratarum, prout in adiecto exstat exemplari, perlibenter probamus seu confirmamus.

In textu imprimendo mentio fiat de approbatione seu confirmatione ab Apostolica Sede concessa. Eiusdem insuper textus impressi duo exemplaria ad hanc Congregationem transmittantur.

Contrariis quibuslibet minime obstantibus.

Ex aedibus Congregationis de Culto Divino et Disciplina Sacramentorum, die 25 martii 2009.

Antonius Card. Cañizares Llovera

Praefectus

† Albertus Malcolmus Ranjith

Archiepiscopus a Secrets

ÀS DIOCESES DO BRASIL

Prot. n. 1412/05/L

Por solicitação do Excelentíssimo Senhor Dom Geraldo Lyrio Rocha, Arcebispo de Mariana, Presidente da Conferência dos Bispos do Brasil, com carta do dia 18 do mês de agosto de 2008, em conformidade com as faculdades concedidas a esta Congregação, pelo Sumo Pontífice Bento XVI, relativa ao texto para o cumprimento das normas da disciplina do Sacramento da Penitência, cân. 961, conforme determinação da Carta Apostólica em forma de *motu proprio Misericordia Dei* (n. 6), dada para o território de sua Conferência, conforme consta do exemplar enviado, de muito boa vontade aprovamos e confirmamos.

No texto a ser impresso, faça-se menção da aprovação e confirmação concedida pela Sé Apostólica. Além disso, sejam enviados a esta Congregação dois exemplares do texto impresso.

Sejam revogadas quaisquer disposições contrárias.

Da Sede da Congregação do Culto Divino e Disciplina dos Sacramentos, no dia 25 de março de 2009.

Antonius Card. Cañizares Llovera

Prefeito

† Albertus Malcolmus Ranjith

Arcebispo Secretário

LEGISLAÇÃO COMPLEMENTAR AO CÓDIGO DE DIREITO CANÔNICO PARA O BRASIL
(aplicação do cân. 961)

Quanto ao cân. 961, § 1, 2º

O juízo em cada caso concreto, se ocorrem as condições requeridas pelo cân. 961, § 1, 2º, não compete ao confessor, mas ao Bispo diocesano, o qual não poderá permitir a absolvição coletiva sem prévia confissão individual (cf. MD 5), a não ser em situações de grave necessidade, "situações que, objetivamente, são excepcionais" (MD 4, 2, a), ou seja, "quando, tendo-se em conta o número de penitentes, não há à disposição abundância de confessores para ouvirem devidamente as confissões de cada um, dentro de um tempo conveniente, de modo que os penitentes, sem culpa própria, seriam forçados a ficar muito tempo sem a graça sacramental ou sem a sagrada comunhão; não se considera, porém, necessidade suficiente, quando não pode haver confessores à disposição, só por motivo de grande afluência de penitentes, como pode acontecer, em alguma grande festa ou peregrinação" (cân. 961, § 1, 2º) ou como se poderia verificar em localidades de vasta extensão territorial habitadas por "comunidades de fiéis isolados, onde o sacerdote só pode passar uma ou poucas vezes ao ano" (MD 4, 2, a e cân. 961, § 2).

Além do prescrito nos cân. 960-963, o Bispo diocesano deverá considerar o seguinte:

1. A absolvição coletiva é meio extraordinário que não pode substituir pura e simplesmente a confissão individual e íntegra com absolvição, único meio ordinário de reconciliação com Deus e com a Igreja (cf. MD 1, a).

2. Todos aqueles que, em razão do encargo, têm cura de almas, estão obrigados a estabelecer horários favoráveis, fixos e frequentes, para facilitar aos fiéis o acesso à confissão individual (cf. cân. 986, § 1 e MD 1, b, e 2) levando em conta, de modo particular, o aumento do pedido para o sacramento nos períodos fortes do ano litúrgico: Advento, Natal, Quaresma, Páscoa, até a Solenidade da Santíssima Trindade.

3. Os ministros não poderão, sem culpa própria, recorrer a esse meio extraordinário de reconciliação, ao menos que, no caso concreto, o Bispo diocesano:

A) tenha julgado que se trate de grave necessidade (cân. 961, § 1, 2º), em conformidade com as especificações do *motu proprio Misericordia Dei*, 4, 2, a-f;

B) tenha concedido previamente e por escrito a sua autorização pessoal (cf. MD 5).

4. Insistindo na obrigação de se aproximar o quanto antes da confissão individual, antes de receber nova absolvição geral, deve-se levar em conta que o recurso, mesmo repetido, a essa forma extraordinária de reconciliação, não pode legitimar-se a menos que uma justa causa se imponha (cf. MD 8).

5. Para dar licitamente a absolvição coletiva, fora do perigo de morte, não basta que, em vista do número de penitentes, os confessores sejam insuficientes para atendê-los na forma devida, em espaço de tempo razoável. Requer-se, além disso, que sem a absolvição coletiva, esses fiéis, sem culpa própria, permaneceriam, por mais de um mês, privados do perdão sacramental ou da comunhão (cf. MD 4, 2, b, c, d).

6. Não constitui suficiente necessidade a mera grande afluência de penitentes, não só em ocasiões de uma festa solene ou de uma peregrinação, nem mesmo por turismo ou outras razões semelhantes devidas à crescente mobilidade das pessoas (cf. MD 4, 2, f).

7. Além das situações em que estão presentes simultaneamente as duas inseparáveis condições, sobre as quais se refere o n. 4 desta Legislação Complementar, não poderá ser dada a absolvição coletiva.

8. A absolvição sacramental coletiva seja precedida de adequada catequese e preparação comunitária, não omitindo a advertência aos fiéis acerca das condições para receberem validamente a absolvição, ou seja, de que esses devem estar dispostos e com o propósito de, no tempo devido, confessar-se individualmente dos pecados graves que naquele momento não puderam confessar (cf. MD 7, a).

9. É importante promover a celebração comunitária da Penitência conforme o Rito para a reconciliação de vários penitentes com confissão e absolvição individuais pois a celebração do sacramento desta maneira manifesta mais claramente a natureza eclesial da penitência (cf. Introdução Geral do Ritual da Penitência, 22-30).

10. É importante suscitar nos fiéis a disposição para a contrição do coração e reconciliação com Deus, mediante um ato de arrependimento, assim que houver consciência de pecado grave, antes mesmo de procurar o sacramento da Reconciliação.

11. O ato penitencial, na celebração eucarística, não realiza a reconciliação sacramental.

12. Não podem receber validamente a absolvição os penitentes que vivam em estado habitual de pecado grave e não queiram mudar a própria situação (MD 7, c).

Quanto ao cân. 964, § 1

O lugar próprio para ouvir confissões sacramentais é a igreja ou o oratório (cân. 964, § 1), deixando, porém, claro que razões de ordem pastoral podem justificar as celebrações do sacramento em outros lugares (MD 9, a, com referência ao cân. 964, § 3).

Quanto ao cân. 964, § 2

A sede apropriada para ouvir confissões é, normalmente, o confessionário tradicional ou um outro recinto conveniente, expressamente preparado para essa finalidade e munido de grade fixa entre o penitente e o confessor, permitindo assim aos fiéis, e aos mesmos confessores, que o desejem, seu livre uso (cf. MD 9, b). Tal sede apropriada deve ser situada em lugar determinado, claramente indicado, de modo que os fiéis se sintam convidados à prática do sacramento da Penitência.

SUMÁRIO

Decreto da CNBB n. 01/2009 5

Decreto de *Recognitio* da Congregação para
o Culto Divino e a Disciplina dos Sacramentos 7

Legislação complementar ao Código de Direito
Canônico para o Brasil (aplicação do cân. 961) 11

Impresso na gráfica da
Pia Sociedade Filhas de São Paulo
Via Raposo Tavares, km 19,145
05577-300 - São Paulo, SP - Brasil - 2009